AF329130

STATISTIQUE

MONUMENTALE

DU DÉPARTEMENT DU PAS-DE-CALAIS

PUBLIÉE

Par la Commission des Antiquités départementales

TOME III. — 13ᵉ LIVRAISON

ARRAS

IMPRIMERIE DE LA SOCIÉTÉ DU PAS-DE-CALAIS

P.-M. LAROCHE, DIRECTEUR

1899

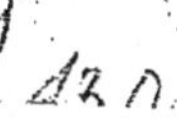

LE

CHATEAU DE LIETTRES [1]

Par le Comte A. de LOISNE

I

Dès une date fort ancienne un château existait à Liettres. Nous trouvons, à partir du xiiie siècle, plusieurs personnages portant le nom de cette seigneurie. *Jean de Liettres* (de *Liestes*), chevalier, donne, en 1210, une dîme, sise à Norrent, au prieuré de Saint-André-lez-Aire. En 1222 il concède à la même maison divers droits et privilèges (2) et vend, en 1236, à la collégiale de Saint-Omer de Lillers, des alleux à Rély, Saint-Hilaire et Norrent (3).

En 1242, *Guillaume*, chevalier, seigneur de Liettres, donne au prieuré ci-devant nommé, plusieurs biens à Blessy, et, en 1277, *Jean II de Liettres* ajoute à cette libéralité les rentes qu'il possédait dans le territoire de Lillers et qui mouvaient du sire de Wavrin, séuéchal de Flandre. En 1349, *Marie, dame de Liettres,* veuve d'un autre *Jean de Liettres,* du consentement de son fils, fait une nouvelle donation aux religieux de Saint-André (4).

Robert de *Liettes* ou de *Liettres,* écuyer, est bailli d'Aire en 1381 (5) et

---

(1) Canton de Norrent-Fontes.
(2) V. *Pièces justificatives,* n° VII.
(3) Archives du Pas-de-Calais, *Trésor des Chartes d'Artois,* A. 6.
(4) V. *Pièces justif.,* n° VII.
(5) *Bulletin des Antiquaires de la Morinie,* t. III, p. 249.

1382 (1) ; il fonde, en 1421, par testament, une chapellenie dans la collégiale de Saint-Pierre d'Aire, la chapellenie de Saint-Antoine (2). *Pierre de
Liettres* figure en 1404 dans un dénombrement (3).

En 1451 la seigneurie de Liettres appartenait à *Georges de la Viefville*,
du chef de sa femme *Marguerite de le Donne* (4). Elle relevait du Roi, à
cause du *buffet* d'Amiens, pour la haute justice, et, comme moyenne et
basse justice, du château de Lillers, dont elle était une des *pairies* (5). Elle
passa, sans doute par acquisition, à *Simon de Luxembourg* (6), protonotaire apostolique, archidiacre de Flandre pour le diocèse de Thérouanne, et
de Brabant, pour celui de Cambrai, 23ᵉ prévôt de la collégiale de Saint-Omer.
Nommé en 1470 à la prévôté d'Aire, il se mit à l'œuvre pour relever le
château de sa seigneurie de Liettres, sur les anciennes fondations. C'est de
cette époque que datent les deux grosses tours et les courtines qui subsistent
encore aujourd'hui.

Par son testament en date du 8 octobre 1479 vidimé dans un acte de

(1) Archives du Pas-de-Calais, *trésor des Chartes d'Artois*, A. 790. A la date de
1324, on trouve l'état de frais d'un procès intenté au *sire de Liestes*, par-devant la haute
justice de Lillers.

(2) Rouyer, *Recherches historiques sur le chapitre de Saint-Pierre d'Aire* (Mém. des
Antiquaires de la Morinie, t. X, 2ᵐᵉ *partie*, p. 112, *en note*).

(3) *1404, 5 Décembre.* Dénombrement par Jean d'Auchel, dit Mautrayant, écʳ, pour
un fief, sis à Marles et commun entre lui, le sʳ de Thiembrone, *Pierre de Liettres* et
Jean de Pinquenehem (Arch. natˡᵉˢ, P. 2060).

(4) V. *Pièces justific.*, nº I. — Archives du chateau de Liettres, A. 204. — Les très
intéressantes archives du château de Liettres, qui occupent la salle du 1ᵉʳ étage de la
tour Sud-Ouest, sont provisoirement classées en quatre séries :

Série A. Pièces anciennes inventoriées à la mort de M. Maximilien Théry, baron de
Liettres, en 1790.

Série B. Pièces non inventoriées dans la série précédente.

Série D. Pièces d'un intérêt spécial et correspondance depuis le xvıᵉ siècle.

Série H. Titres et papiers de la famille d'Halewyn, depuis 1600.

(5) Cf. Bouthors, *Coutumes locales du bailliage d'Amiens*, t. II, p. 384.

(6) Bâtard de Louis de Luxembourg, comte de Saint-Pol, connétable de France.
Promu, en 1470, prévôt d'Aire, il conserva néanmoins jusqu'à sa mort, la prévôté de
N.-D. de Saint-Omer, qu'il avait obtenue en 1438, et fut enterré dans la cathédrale de
Thérouanne, en 1480. — Wallet, *description de l'ancienne cathédrale de Saint-Omer*,
p. 106. — Mirœus, *opera diplomat.*, t. III, p. 359. — Rouyer, *Recherches histor. sur
le chap. de Saint-Pierre d'Aire ;* Mém. des Antiquaires de la Morinie, t. X, 2ᵉ partie,
p. 90).

PLAN DU CHATEAU DE LIETTRES

Dressé par M. le Capitaine Maurice d'HALESVYN

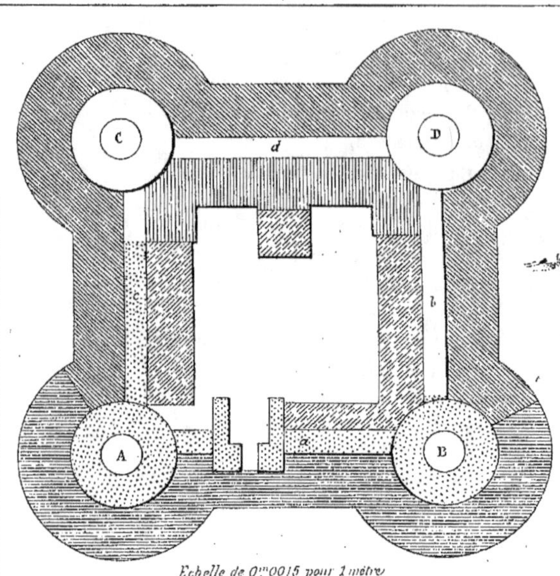

Echelle de 0.^m0015 pour 1 mètre

Longueur des courtines..... 30.^m
Epaisseur des courtines..... 2.^m75
Hauteur des tours........ 23.^m au dessus du fond des douves
Epaisseur des tours (cave, rez-de-chaussée et 1.er étage).... 5.^m20
    d.^o 2.e Etage...... 1.^m92
    d.^o 3.e Etage...... 0.^m63

Vue perspective d'après une sépia de M. Van Eckout en 1816.

Reproduction d'une vue cavalière dessinée sur un plan du dimage de la terre et seigneurie de Liettres en 1709.

Murs de défense conservés
id. rasés au niveau de la cour d'honneur
Bâtiments conservés
id. rasés
Douves rétablies
Douves comblées
Charpente
Fondations en grès

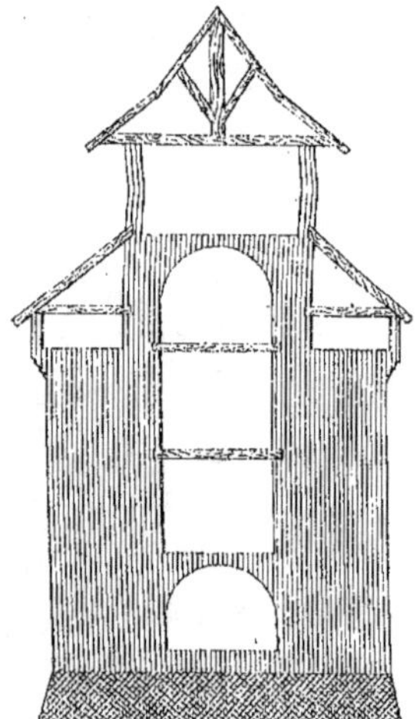

COUPE DE LA TOUR

Echelle de 3 m/m pour 1 m.

Simon Bocheux, bailli de Thérouanne, du 15 février 1480 (1), Simon de Luxembourg légua ses « fief et noble ténement » de Liettres, à son oncle, *Jacques de Luxembourg* (2), seigneur de Richebourg, qui les recueillit et les laissa à sa fille, *Yolande de Luxembourg*, femme de *Nicolas de Werchin*, sénéchal de Hainaut (3). *Isabeau*, née de ce mariage, épousa *Jean de Trazégnies*, qui, du chef de sa femme, devint *baron de Liettres* (4). C'est sur celui-ci, qu'après saisie pour dettes (5), en 1574, un décret du grand conseil de Malines adjugea les « terre, seigneurie et baronnie de Liettres », avec moulin à blé, *appartenances* et *dépendances*, à *Jean de Zomberghe*, écuyer (6), fils d'Arnould de Zomberghe, capitaine de Ruppelmonde (7), et à sa femme, Jacqueline Picavet, dame des Cauffours et de Lendreghem (8). Leur fille, *Marie de Zomberghe*, qualifiée *baronne de Liettres* (9), apporta cette terre à *Nicolas de Catrix* ou *Catris*, colonel du régiment de Bourlotte, lieutenant d'artillerie dans l'armée de l'Archiduc Albert, gouverneur du fort Saint-Andrieu (10) et du Mont-Hulin, tué au siège d'Ostende, en 1603 (11).

(1) V. *Pièces justif.* n° II. — Simon de Luxembourg fit construire près de son château de Liettres une chapelle et une maison hospitalière. Par le testament précité il affecta 50 mesures et demie de terre et quelques rentes foncières à l'entretien de cette fondation (Cf. PAGART D'HERMANSART, *Bullet. des Antiquaires de la Morinie*, 139ᵉ livraison.)

(2) Jacques de Luxembourg, sʳ de Richebourg, marié à Isabelle de Roubaix, mort le 20 août 1487.

(3) Nicolas de Werchin fit rédiger, en 1507, la coutume de Liettres (BOUTHORS, *loc. cit.*)

(4) V. *Pièces justific.*, n° III.

(5) *Ibid.*

(6) V. *Pièces justific.*, n° IV.

(7) et de Jeanne de Bousies.

(8) On voit leurs armes sculptées dans l'église de Lambres. *Zomberghe :* « Ecartelé, aux 1 et 4 parti, d'argent et de gueules, au demi sautoir de l'un et de l'autre accompagné d'un chef d'or. » — *Picavet :* « D'argent, à 2 cotices de gueules accompagnées de 3 merlettes de sable, 2 au point senestre du chef et une au point dextre de la pointe. » Jacqueline Picavet devenue veuve de Jean de Zomberghe, avait en effet acquis la seigneurie de Lambres, par décret du grand conseil de Malines du 14 février 1587. Depuis lors les seigneuries de Lambres et de Liettres sont demeurées dans les mêmes mains jusqu'à la Révolution.

(9) ARCHIVES DU CHAT. DE LIETTRES, A. 329.

(10) dans l'île de Bommel (Pays-Bas).

(11) Il était fils de Nicolas-Charles de Catrix, seigneur d'Hurionville, et de Marie de Saulty.

— 4 —

Sous *Robert de Catrix* (1), seigneur de Lambres et de Cambrin (2), mestre-de-camp au service du roi d'Espagne, qui succéda à sa mère, Marie de Zomberghes, Liettres fut occupé par les troupes espagnoles pendant le siège d'Aire de 1641 (3); mais le secours ne fut pas efficace et les Espagnols furent repoussés en perdant 400 chariots de vivres et de bagages (4).

Marie-Florence de Catrix, fille et héritière de Robert, étant entrée en religion (5), vendit, par acte du 26 septembre 1665, la terre de Liettres, à *Lucrèce de Harchies*, sa mère (6), qui la laissa à son fils *Jean-Paul de Catrix* (7), capitaine de cavalerie au service de Sa Majesté Catholique, puis à celui de la France, mayeur de la ville d'Aire en 1676. A la mort de celui-ci, survenue en 1699 (8), le château de Liettres entra dans la famille Théry, par le mariage de *Lucrèce de Catrix* avec *Jean-Baptiste Théry*. écuyer, seigneur de Nortbécourt (9).

Possédé successivement par ce dernier (1709-1738) (10) et par *Marie-*

(1) Mort en 1665, marié à Lucrèce de Harchies.

(2) Archives du Pas-de-Calais, B. 229. Cambrin était un fief situé dans la commune de Lambres.

(3) Robert de Catrix enfermé dans Aire, défendit cette place, avec Berwout et Dilly, contre La Meilleraye et Gassion. Cf. Guillemin, *les Sièges d'Aire*, p. 79.

(4) Diction. Hist. et Archéolog. du Pas-de-Calais, *Béthune*, t. III, p. 264.

(5) Religieuse au couvent des Sœurs grises d'Aire, où elle mourut le 5 novembre 1739, à un âge avancé.

(6) V. *Pièces justific.*, n° V. Un membre de cette famille, Adrien de Harchies, ch[r], était maïeur de Saint-Omer, en 1758.

(7) Avant d'être refondue, en 1782, la grosse cloche de l'église de Lambres, dont Jean-Paul de Catrix avait été parrain, portait l'inscription suivante, avec les armes de Catrix et de La Viefville :

MESSIRE JEAN-PAUL DE CATRIX, SEIGNEUR DE LIETTRES, LAMBRES, .

LONGHEM, CAMBLIN, RIGAL, BAVETTE, SEUL SEIGNEUR ET FONDATEUR

DE L'ÉGLISE DUDIT LAMBRES, ET DAME DE LA VIEFVILLE, SA COMPAGNE.

ÉTANT CURÉ Mre BARTHOLOMÉ BLOCQUET ET MATHIEU DE ROO BAILLY.

— 1695.   (*Arch. du château de Liettres, D. 20*).

(8) Ses deux fils étaient morts en 1686 ; ils furent enterrés dans l'église de Lambres. Les deux pierres tombales usées par les pas des fidèles, que l'on remarque sous la tour, recouvrent vraisemblablement leurs restes. Une troisième, près des précédentes, est la sépulture de François-Joseph de Catrix, frère de Jean-Paul, mort en 1648 (Arch. de Liettres, A. 145 et 210).

(9) V. *Pièces justificative*, n° VII.

(10) Il avait trois frères : *Joseph*, officier au régiment de Lambesc et au Colonel-général ; *Jean-François*, s[r] de Lambres ; *Eugène*, sg[r] de La Motte, lieutenant au Colonel-général-cavalerie, morts tous trois célibataires.

Madeleine de la Woestine, Baronne de Becelaere et du St-Empire (1), sa femme, puis (1738-1790) par *Maximilien Théry*, chevalier (2), mari de *Marie-Louise-Philippe de Thieulaine d'Hauteville* (3), en faveur de qui Liettres, qui jouissait anciennement du titre de baronnie (4), fut érigé de nouveau en « cette dignité », par lettres-patentes du mois de décembre 1766 (5).

On lit dans ces lettres que « la terre, justice et seigneurie de Liettres est un ancien fief de la province d'Artois, ayant plusieurs fiefs en relevant et tous les droits honorifiques et féodaux....., étant d'ailleurs lesdits fief et seigneurie d'un revenu considérable, capable de supporter le titre de baronnie dont il était anciennement décoré. » Ce qui n'empêcha pas le baron de Liettres d'avoir un procès avec le seigneur de Créminil, Louis-François Le Merchier, au sujet du droit de plantis sur le grand chemin de Liettres, et sur les bords de la Laquette, depuis le moulin d'Estrée-Blanche, jusqu'au fief du Quesnoy (6).

Confisqué et vendu nationalement à la Révolution, le château de Liettres fut racheté, au retour de l'émigration, par M. *Stanislas d'Halewyn*, officier au régiment d'Angoumois, puis à l'armée de Condé, chevalier de St Louis,

---

(1) Cf. *Pièces justific.*, n° VII. — Marie-Madeleine-Martine de La Woestine, était fille de Maximilien, marquis de Becelaere, et de Louise de Melun-Richebourg. Elle descendait, par sa mère, de Jean de Zomberghe, qui avait acquis la terre de Liettres de Jean de Trazégnies.

(2) Il avait un frère cadet, Alexis, dit le chevalier de Liettres, capitaine au régiment de Rohan-Infanterie, mort célibataire en 1759, à Francfort, des suites des blessures qu'il avait reçues à la bataille de Bergen.

(3) On lit leurs noms sur la grosse cloche de l'église de Lambres, dont ils furent parrain et marraine en 1782.

✠ MESSIRE MARIE MAXIMILIEN DE THERRY CHEVALIER BARON DE LIETTRES
[SEUL SEIGNEUR FONDATEUR DE L'ÉGLISE ET
DU CLOCHER DE LAMBRES ET DAME MARIE LOUISE PHILIPPINE DE THIEU-
[LAINE SON ÉPOUSE MONT NOMMÉE MAXIMILIENNE
LOUISE ESTANT LE Sr CHARLES CURÉ. F. 1. DESPREZ BAILLIF I. I.
[ROLIN MARGUILLIER - F - VILOTTE, GARNIER ET DROUOT ME
[FECERUNT — 1782.

(4) Cf. *Pièces justif.* n°s III et VIII.

(5) V. *Pièces justific.* n° IX. — ARCHIV. DU P.-DE-C., B. 846. — ARCH. DU CHAT. DE LIETTRES, A. 481 et D. 28.

(6) ARCH. DU PAS-DE-CALAIS, B. 140.

— 6 —

qui avait épousé, en 1790, l'héritière de Liettres (1), *Marie-Thérèse-Julie Théry de Liettres,* dame de Courtoisin.

M. *Druon d'Halewyn,* gendarme de la maison du roi Louis XVIII, maire de la ville d'Aire, chevalier de la Légion d'honneur (1829-1847) ; Mlle *Thérèse d'Halewyn* (1847-1860) et M. *Clément d'Halewyn* (1860-1895), ont, depuis, possédé Liettres, qui appartient actuellement aux enfants de ce dernier.

*

Le château construit à Liettres, en 1470, par Simon de Luxembourg, ne fit, nous l'avons dit, que remplacer un autre château plus ancien, dont on utilisa les fondations. Il est donc naturel que dans cette construction du xve siècle nous retrouvions le plan et les dispositions régulières des châteaux de plaine de la fin du xiiie (2).

Quatre tours très fortes, en saillie sur des courtines de 30^m de long, flanquent à chaque angle un carré (3) de 40 mètres de côté dans œuvre. Des douves profondes, larges de 7^m50, entourent l'enceinte. On accède à l'intérieur par un pont-levis, puis par une porte, large de 3^m, s'ouvrant sous un *logis* ou corps-de-garde qui la défend (4). Des bâtiments s'appuyaient contre les courtines, de manière à laisser une cour carrée de 27^m de côté environ (5).

(1) Ses deux frères étaient morts sans alliance : *Louis* Théry de Liettres, officier aux gardes wallonnes, mort en Espagne en 1799 ; *Auguste,* mort à Saint-Omer en 1812.

(2) Un des caractères particuliers aux châteaux de la fin du xiiie siècle et du xive, dit Viollet-le-Duc, est l'importance relative des tours, qui sont, sauf de rares exceptions, cylindriques, d'un fort diamètre, épaisses dans leurs œuvres, hautes et très saillantes en dehors des courtines, afin de les bien flanquer. » (*Dict. d'architecture,* t. III, p. 139).

(3) « Le plan carré, dit l'auteur précité, paraît avoir été adopté pour les châteaux féodaux de plaine, depuis le xiiie s^e. »

(4) Dans l'ancien château du xiiie siècle la porte devait être flanquée de deux tours massives.

(5) V. le plan dressé par M. le capitaine d'Halewyn et la vue cavalière du château de Liettres en 1709, d'après un plan de dîmage de cette seigneurie. L'on est frappé, en examinant les plans, de la ressemblance que Liettres présentait dans ses dispositions primitives avec le château de Villandraut, près Bazas, construit au milieu du xiiie s^e. On en jugera par la description suivante qu'en donne la *Commission des Monuments historiques* de la Gironde : « Plan rectangulaire de 47^m70 sur 39, dans œuvre. A chaque angle, tour de 11^m50 de diamètre et de 27^m de hauteur. Au milieu de la face Sud, porte défendue par deux tours de même dimension que celles des angles. Pont à trois arceaux ayant remplacé l'ancien pont-levis ». Ce château passait pour l'un des plus forts de la province. (*Mémoires de la Commission des Monuments historiques de la Gironde,* n° 14, p. 29 et 30 — V^{iollet-le-}D^{uc}, *Dict. d'Architecture,* v° château).

Les tours, dont deux, C et D, subsistent presque intégralement, méritent surtout notre attention. Construites en pierres blanches de moyen appareil sur fondations en grès avec empattement, la tour Sud-Ouest (1) s'élève à 33 mètres au-dessus du fond des douves, divisée en trois étages sur caves, plus un rez-de-chaussée, séparés simplement, comme à Pierrefonds, par des planchers en bois, sauf le premier étage qui est voûté. Son diamètre est de près de 15^{m}50 hors œuvre. Les murs de la cave, du rez-de-chaussée et du premier étage, ont une épaisseur de 5^{m}20 ; ceux du second étage ont 1^{m}92 et ceux du troisième 0^{m}63 seulement. Cette différence dans les épaisseurs permettait d'établir, à hauteur du second étage, un chemin de ronde protégé par un mur de garde crénelé et bordé de machicoulis, tel qu'il a été rétabli dans l'intelligente restauration de 1860 (2). Comme à Pierrefonds (3), ces machicoulis forment une ceinture complète au-dessus du premier étage et sont surmontés d'un crénelage qui commande les approches de la tour. Le chemin de ronde se prolonge sur la partie de courtine attenante qui a été conservée.

Les corbeaux des machicoulis, dont plusieurs anciens subsistent, sont formés par trois assises de pierres en encorbellement.

La tour *Nord-Est*, construite d'après les mêmes principes, a vu, en 1830, son ancienne ceinture de machicoulis remplacée par une balustrade flamboyante, transformant ainsi le chemin de ronde en balcon !

On remarquera la force de ces tours, depuis leur base jusqu'au second étage. C'est que depuis l'invention de l'artillerie et son emploi dans les sièges, on ne s'attaque plus seulement aux défenses supérieures des murailles occupées par la garnison du château, on bat en brèches par la base et il faut que les murs puissent résister au tir de plein fouet des bombardes lançant des boulets d'un fort diamètre, généralement en métal.

---

(1) V. notre planche.

(2) Dès le XIVe siècle, on renonça aux hourds de charpente que les assaillants incendiaient, pour les remplacer par des chemins de ronde avec parapet en pierre protégeant les défenseurs contre les projectiles. Ces chemins de ronde étaient bordés de machicoulis, par où on laissait tomber des pierres, des boulets, de l'eau, de l'huile, de la poix bouillantes sur les assaillants, et, quand on utilisa les armes à feu, on se servit de ces créneaux et de ces machicoulis pour passer son arme en se défilant. Un comble de charpente couvert de tuiles recouvrait ce chemin de ronde.

(3) V. Viollet-le-Duc, *Diction. d'Architecture*, t. III, p. 156 et 159.

Liettres a subi plusieurs transformations, qui, au regret des archéologues, ont effacé la belle régularité de son plan primitif. Le vaste bâtiment d'habitation qui s'appuie sur la courtine *D*, a été reconstruit par M. Théry de Nortbécourt, au commencement du xviiie siècle, ainsi qu'en témoignent les dates *1704* et *1723* inscrites sous la corniche. Les douves étaient déjà comblées à cette époque. Une sépia de M. Van Eeckout nous montre, en 1816, la tour N.-E. ruinée, mais avec un ensemble assez semblable à celui donné par un plan du dîmage de la seigneurie de Liettres, en 1709.

En 1830 M. Druon d'Halewyn fit raser les tours Nord-Est et Sud-Est (A et B), qui tombaient en ruines, ainsi que les constructions situées au Nord, à l'Est et au Sud. On ne garda que la courtine Nord et une partie de la courtine Sud, auxquelles on adossa des ailes complétant les bâtiments du xviiie siècle. M. d'Halewyn substitua également à la ceinture de machicoulis des deux tours conservées, une galerie à balustrade flamboyante, ainsi qu'on le voit actuellement à la tour Nord-Ouest, rétablit les douves sur l'ancienne face Est et construisit un pont de pierre sur l'emplacement de l'ancien pont-levis.

En 1860, M. Clément d'Halewyn, chez qui le sentiment de l'art était égal à celui du bien, fit rétablir le chemin de ronde de la tour Sud-Ouest, avec ses machicoulis, et relever la tour Sud-Est jusqu'au niveau de la cour d'honneur.

En résumé, de l'ancien château de Liettres, il reste actuellement les tours C et D avec la courtine qui les relie, la courtine *T*, une partie de la courtine *E*, le pied de l'autre partie de cette courtine, ainsi que celui des tours A et B, de la courtine *A* et des murs de l'ancienne entrée. Ces restes qui permettent de restituer le plan de l'ancien château, sont d'autant plus intéressants pour la *Statistique Monumentale du Pas-de-Calais*, que l'architecture militaire du Moyen-Age compte très peu de monuments dans notre département. Liettres nous montre ce qu'était un château de plaine construit, dans la seconde moitié du xve siècle, sur un plan du xiiie, véritable forteresse où l'on pouvait encore tenir malgré l'emploi de l'artillerie. Nous avons pensé que ce château avait droit, à ce titre, à l'intérêt de la *Commission des Monuments historiques* (1).

---

(1) En terminant cette notice, nous devons des remerciements à M. le capitaine d'Halewyn pour le plan du château de Liettres et les croquis qui l'accompagnent. Qu'il accepte également l'expression de notre gratitude pour les documents qu'il a bien voulu nous communiquer.

PIÈCES JUSTIFICATIVES

I

1452. 18 Mars. Lillers. — *Aveu et dénombrement des château et terre de Liettres, rendu par Georges de La Viefville, Ecuyer, mari de Marguerite de le Donne, dame de Liettres.*

A tous ceulx qui ces présentes [lettres verront], Robert Le Febvre, bailly de Lillers et de Mallaunoy, scavoir faisons que nous avons receu le rapport et dénombrement d'un fief et noble tènement nommé [la terre] et seigneurie de Liestes, que noble homme Jeorge [de la[Viefville, escuyer, ad cause et comme mary et bail de noble damoiselle mademoiselle Margeritte de Le Donne, sa femme, tient en parye du chastel dudit Lillers. Auquel rapport et dénombrement la teneur s'enssuit :

c'est le rapport et dénombrement que Jeorge de la [Viefville], escuyer, mari et bail de Margeritte de le Donne, sa femme, et ad cause d'elle, tieng et advoue à [tenir] à mon tres redoubté seigneur, monseigneur de Wavrin, de Lillers et de Mallaunoy (1), à cause de sa terre et seigneurie du lieu de Lillers, icelluy *mon fief et parye* nommé la *terre de Liestes,* qui se comprent es parties qui s'enssieuvent.

Et premièrement ay en mon domaine ad cause du dit fief et parye, *le chastel.....* *et basse-cour du dit lieu de Liestres,* les fossez et...., tenans aux fossez de la dite basse-court, avec toutes les despendances estans authour et à l'environ desdits chastel...... et gardins, contenant ainsi que tout se comprent, dou[ze] mesures d'éritaiges ou environ, tenans du lez vers le soleil midy au chemin par lequel on va dudit lieu de Liestes à Longuehen (2) et du lez vers à certains héritaiges à moy appartenans et que je tieng en [fief] de Jehan, seigneur de Bernieulles.

Item ay ad cause de mon dit fief la moitié du vivier.

Item ay encore en mon dit demaine en la dite terre du dit lieu de Liestes soixante quinze mesures de terres à hommage ou environ, séans en plusieurs pièces au lieu c'on dist Warnicamp..... *(Hommage en 166 articles).*

Archives du Chateau de Liettres, A. 156; original, papier.

(1) Ancien château, commune de Bourecq.
(2) Hameau, commune d'Estrée-Blanche.

2

1480, 15 Février. — *Vidimus du testament de Simon de Luxembourg, prévôt de la collégiale de Saint-Omer, seigneur de Liettres, en date du 8 octobre précédent.*

A tous ceulx qui ces présentes lettres verront, Simon Bocheulx, bailly de l'advouerie de térouane, salut.

Sachent tous qu'aujourdhuy, datte de ces présentes, [en présence] de nobles personnes Jacques de Renty, seigneur de Maisle et de Jean de Tramecourt, seigneur d'Ivregny, escuyers, exécuteurs du testament de deffunct monsieur maistre Simon de Luxembourg, en son vivant docteur ès loys, protonotaire du sainct Siège apostólicque, prevost des esgliges collégialles de Sainct-Omer en Sainct-Omer et de Sainct-Pierre d'Aire en la ville d'Aire, archidiacre de Flandres en l'église cathédrale de Théroanne, nous at estée exhibée ung testament en papier contenant quattre foeullez escript à deux lez, signez en fin de chascune paige : « Simon de Luxembourgue », non abaarez, non vicieux, mais tout entiers, dont pour le temps et pareillement nous ont lesdicts exécuteurs requis obtenir nos lettres de *vidimus* pour leur aide ou bon leurs semblera, ce que leur avons accordé et par le teneur de ces accordons. Duquel testament le vray teneur s'enssuyt et est telle :

In nomine Patris, etc. Je, Simon de Luxembourgue, *etc.* seigneur de Liestres....., j'ordonne et laisse à l'hospital de Liestres tout ce que je tien en coterie de l'abbé et couvent de Corbie en tout Liestres, oultre et par dessus trente mesures de terres tenues desdis religieux, abbé et couvent, que j'avoye donnée à Michelette de Luxembourgue, ma fille illégittisme, desquels xxx mesures de terre ladicte Michelette s'est depuis désaisy au prouffit du dict hospital pour et moyennant vingt livres de rente héritable que je luy ay baillié et transportée en rescompense. . . . .

Item, je donne par ce mien testament à Monsieur Jacques de Luxembourgue, sieur de Ricquebourque (1), *un fief et noble tènement* qui est à *Liestres,* tenu en régal du sieur de Maugrée (2), qui s'estend ès villes de Liestres, Wittrenes (3) et Rely, tout ainsy qu'il se comprent et parillement ung fief tenu des religieux abbé et couvent de Corbie, séant à Liestres, lequel se comprendt en trois mesures de prey ou environ, pour d'iceulx deux fief joyr par ledict monsieur Jacques héritablement à tousjours, luy et ses hoirs masles nez et procréés en mariage.

(1) Richebourg-l'Avoué, canton de Cambrin.
(2) Commune de Witternesse, canton de Norrent-Fontes.
(3) Witternesse.

Par sy que ledict Monsieur Jacques aloit de vie à trespas sans hoirs mâsle nés et procréés en mariage, je vœulx et ordonne que les dis deux fiefs retournent à Estienne de Luxembourgue, mon fils illégitime, auquel Estienne je les donne en ce cas pour en joyr, luy et ses hoirs aiant cause de luy.

Item, je donne audict monsieur Jacques ung fief que je tiens de monsieur d'Estrées, lequel fief joingnant ledict hospital de Liestres, et se comprent en six mesures de prey ou environ parmy les fossés d'entour ; lesdits preys à la charge toutteffois que ledict monsieur Jacques sera tenu payer héritablement et à tousjours à l'hospital dudict Liestres cent sols monoie courant, pour aider à soustenir les pouvres quy seront journellement receux audict hospital, ou les aians cause de luy, pourveu toutteffois que ledict monsieur Jacques porra achepter ailleurs ladicte rente de cent soubs, monoie que dessus, en deschargeant ledict fief.

Item, je donne à mondict sieur Jacques *la haulte justice que j'ay à Liestres*, tenue en fief du Roy à cause de son chasteau d'Amiens, et de laquelle haulte justice sont tenus tous les alleus que j'ay en la terre dudict Liestres, pour en joyr luy et ses hoirs héritablement et à tousjours, comme de la terre dudict Liestres, tenu de Lillers et dont il est déjà saisy et mis à sieur pour en joyir après mon trespas............

Et pour accomplir cest mon présent testament j'ellis mes exécuteurs monsieur Jacques de Luxembourg, Jacques de Renty, Jean de Tramecourt, mon frère dessus nommé, Morlet de Fermantel et sieur Pierre Stalin, prebtre.

En marge dudict testament estoit escript : « ou lieu duquel de Thorigny que j'ai revocqué et faict tracher exécuteur avecque les aultres maistre Robert Hanon, mon confrère et canon de Théroanne, sains pour ce riens nommer, ausquels je prie qu'ils vœulent bien en prendre la charge de ceste mienne dernière volontée....... Et en approbation de ce ay signé chácune paige de ma main et se seeller du seel aux causes de ma dict personne ay mis avecq les signes desdis tesmoins l'an et jour que dessus dis. En tesmoing de ce avons mis le seel de la dicte advouerie de Théroanne à ces présentes faictes, passées et recognues, le xve jour du mois de février l'an mil quattre cent soixante et dix nœuf....... Et estoit ainsy signée, à la fin dudict testament : Simon de Luxembourque, pruvost de Sainct-Omer, Jean de Martin, sieur de Holingues. Sur le replis estoit signée Wendin avecq le seel pendant en sire verde à double queuwe.

Collation faict et trouvée concorde à l'original, le pénultième de Février 1609.

Signé : Le Grand.

III

1573, 13 Mars. — *Décret de vente de la terre et Baronnie de Liettres
sur Jean de Trazégnies.*

Philippe, par la grace de Dieu, Roy de Castille, *etc.*

Comme dorz le x1ᵉ jour de Novembre de l'An xvᶜ soixante et quatre, *Jehan de
Trasignies, baron de Liètres,* s'estoit avec....... barons de Trasignies et de
Sepmeries, ses frères, et chascun d'eulx à part et pour le tout, laissié condempnié
vers ledict deffunct Jeronimo Mayer, par ceulx de nostre conseil en Flandres, en la
somme de trente mille six cens livres de gros la livre à payer à certain terme
piécha expiré, ensemble ès intérest d'icelle somme, en cas de faulté de payement, à
raison de dix pour cent par an, et comme loy n'avoit sceu parvenir au payement de
la dite debte autrement ne plus avant que de la somme de vingt deux mil florins
payée environ le premier jour de febvrier xvᶜ soixante dix, avoit esté nécessaire
aus dits suppliaus obtenir des dits de nostre conseil en Flandres lettres exécutoires
sur la dite condempnation afin de consuyvre le reste et parfaict de leur dict deu.....
iceus impétrans auroient.... fait saisir et mettre en nos mains *la terre, seigneurie
et baronnie de Liètre,* scituez en notre pays et conté d'Arthois, avec ses appartenances et dépendances, laquelle après deue information et inquisition par le dit
huissier, en prinse au dit sieur de Liètre et à ses receveur, il avoit trouvé consister
en haulte justice, moyenne et basse, et en six mesures de terre nommée la *Bricterie,*
en sept quartiers de terre séans à *Le Hayette,* en quatorze mesures trois quartiers
nommée *La Motte; item* onze quartiers de prey séans à la ditte Motte, trois quartiers de terre séans au lieu de la ditte Bricterie; *item* onze mesures de terre séans à
Courtye, deux mesures aux *Vauchaulx,* quatre mesures séans au chemin *du Piret;*
item six quartiers séans à *Moulin-à-vent,* six quartiers séans au *Bois de Corsguière;*
item huit mesures demy et quartier, pour le présent à labeur nommé le *Bois de
Corsgieure; item* encore deux mesures nommées *La Hayette; item* sept mesures
gisans à *Avesnes; item* quatre mesures gisans à *La Cauchette; item* deux mesures
gisans au *Bois de Herlin; item* vingt et une mesures séans à *Grands Camps; item*
douze mesures ou environ de pastures. Le tout suyvant le bail de cens de Jehan
Losse. *Item* un molin à eaue à mouldre bled rendant par an trente huyt rasières à
payer de trois mois en trois mois et en mêmes rentes quatre vingts dix sept ou dix

uyt florins par an. La dicte *terre et seigneurie de Lièttres* tenue en partie et à raison de la haulte justice, de nous, et, en partie, du duc d'Arschot, appartenant au dict *Jehan de Trasignies, baron dudit Lièttres,* ung desdicts condempnez pour la dicte seigneurie.

Donné en nostre ville de Malines le tréziesme jour de mars l'an de grace mil cinq cens soixante treize, de noz règnes des Espangnes, Cecille, le dix neufviesme et de Naples le vingt-uniesme.

Arch. du chat. de Lièttres, A. 152.

IV

1574, 6 Novembre. — *Acte d'acquisition de la baronnie de Lièttres par Jean de Zomberghe.*

Aujourd'hui sixiesme de novembre anno quinze cens soixante quatorze........., après plusieurs renchers, même que le marché de la dite terre et seigneurie de Liètres avec ses appartenance et dépendances cy devant reprinses fut par Me Jehan Le Bailly, procureur servant par devers le grand conseil du Roy, mis et haulehé à la somme de seize mil cent livres de XL gros monnoye de Flandres la livres, finablement est ledict marché au lever du seel de ces présentes lettres, demeuré au dit Le Bailly, aux devises et conditions reprinses en icelles lettres, et déclara ledict Le Bailly en tous tant qu'il avoit fait ledict achat par charge de *Jehan de Somberghe,* escuier, y présent et l'acceptant et requérant luy en estre accordé et depesché cest acte pour luy valoir à l'effet d'adhéritement, comme de raison ; d'oultre avoir faict l'achapt pour en joyr par luy et damoiselle *Jacqueline Picavet,* sa compaigne, comme de leur acquest, à condition néantmoins que si ledict de Somberghe terminoit vie par mort, vivant sa dicte compaigne, sans délaisser enffant vivant ou apparant à naistre de sa dicte coinjoinction, au dit cas la dicte terre et seigneurie de Liètres appartiendra à icelle sa compaigne pour en joyr sa vie durant de la moictié en usufruict et de l'aultre moictié en propriété........

Arch. du chat. de Lièttres, A. 152.

V

1665, 26 Septembre. — *Vente de la terre de Liettres par Marie-Florence de Catrix à Lucrèce de Harchies, sa mère.*

A tous ceulx *etc.* Sçachent tous que par devant Jean Henry Vasseur et Pierre Rogier, nottaires royaux en la ville d'Aire, comparurent en leur personnes dame Lucresse d'Archy, vefve de Messire Robert de Catris, vivant chevalier, seigneur de Liestres, etc. maistre de camp entretenu pour le service de Sa Majesté, de présent en cette ville d'Aire, d'une part ; damoiselle Florence de Catris, fille et héritière universelle dudit messire Robert, d'aultre part, et recogneut comme ainsy soit que ladicte dame première comparante pressoit ladicte damoiselle, sa fille, en sa qualité avant dicte, pour avoir paiement et solution de la somme de soixante mille trois cent trente florins à elle deubs par la maison mortuaire et héritiers ou aians cause dudit feu seignieur pour ses portemens et dot de mariage ....

A cette cause, par la meilleure voie que faire se pœult, voire aussy par celle de pauvreté jurée ès mains des nottaires royaux soubsignés et que témoigné et enssinié at esté par le mesme serment de m^re François Paiell, docteur, pensionnaire de laditte ville, et Adrien Heuce, m^re cordonnier, y demeurans, gens de foy et crédence, cognoissant les affaires de laditte damoiselle comparante, avoir, et à plain ce, vendus, cédé et transportez bien justement et léallement sans fraude ni collusion quelconque au proffit de la ditte dame acceptante en personne, toutte la terre et seigneurie eschue à la ditte damoiselle par le trespas dudit feu seigneur de Catris, son père, du *village de Liestres,* se consistante en haulte, moienne et basse justice, seigneurie viscontière et fonssière, à cause de laquelle y at aussi plusieurs hommes, tant fief que cottiers, tenant héritages, chargez de rentes fonssières seigneuriales, tant au dit village qu'aultres à l'environ, le gros de laquelle seigneurie se consiste en cent dix mesures ; sçavoir quatorze mesures de manoir avec le *chasteau du dit lieu* et soixante-six mesures de terres à labour tenues du seigneur de Lillers. Ausquels gros sont aussy avecques aultres pastures et preys avec plusieurs terres à labour tenu et mouvantes de la ditte terre et seigneurie de Liestres et aultres en nombre de quatre-vingt cincq mesures et demie ou environ, sçavoir : tant en preys que manoirs, vingt-six mesures trois quartiers ou environ, et en terres à labour, cinquante huict mesures demi ou environ.

Item, toute la terre et seigneurie de Lambre, mouvante de la ditte seigneurie de Liestres.......

Item, tout un fief, dit *Cambrin*, en Lambre.......

Item, le fief de *Banet*, au terroir de Rély... *etc*......

En tesmoingt de ce, avons, à la relation desdits nottaires, mis aux présentes ledit seel, quy furent faictes et passées audit Aire le vingt sixiesme de septembre seize cent soixante et cincq.

ARCH. DU CHAT. DE LIETTRES, A. 330, copie.

VI

1684, 2 MAI. — *Acte de mariage de Jean-Baptiste Théry de Nortbécourt et de Marie Lucrèce de Catrix.*

Omnibus has visuris lecturisve, salutem in Domino. Ego infrascriptus parochialis ecclesie Sancti Petri de Liestres, diocesis Boloniensis, notum facio quod 2ª maii 1684 conjugi matrimonio Joannem Baptistum Therry, dominum de Norbecourt et domicellam Mariam Lucretiam de Catris, filiam nobilium Joannis Pauli et Marie Lavieuville conjugum, etiam cum parentum consensu et testibus requisitis. Actum in nostro pago de Liestres ut supra. Ita est.

GILLO, presbyter.

ARCH. DU CHAT. DE LIETTRES, A. 307. Extrait signé.

VII

1718. — *Noms des seigneurs de Liettres depuis 1210 jusqu'à 1718.*

On voit par archives du prioré de St-André-lez-Aire les seigneurs à qui appartenoit la ditte terre au douziesme et treiziesme siecle, dont s'ensuit la fondation desdits seigneurs et leurs noms et leurs tiltres, tiré desdites archives :

1210. — Jean, chevalier, seigneur de Liestre, at donné au prioré de St André une disme à Norrent et une partye de la disme de Rély.

1222. — Jean, chevalier, seigneur de Liètre et vicomte des alleux de Beaumont, accorda audit prioré plusieurs droits et privilèges.

1237. — Jean de Liètres, chevalier, at donné, comme dessus, cincq mesures de terre à Quernes.

1242. — Willemme, chevalier, seigneur de Liètre at donné comme dessus et donné diverses coses séant à Blessy.

1349. — Marie, dame de Liestre, at esté vefve de Jean, chevalier, seigneur de Liestre et Estrée, et, du consentement de Jean, son fils, at donné audit prioré plusieurs rentes, droits et privilèges.

Monseigneur le Cardinal d'Estré dit descendre de laditte dame de Liestre et d'Estré.

L'an **1479** la terre de Liestre appartenoit à sire Simon de Luxembourcq, archidiacre de Flandre en Thérouanne, prevost de St-Omer et d'Aire. Il laissa cette terre par son testament à Jacques de Luxembourcq, seigneur de Ricquebourg, en datte du huit d'octobre 1479 (1). Ledit Jacques la laissa à Yolande de Luxembourq, laquelle s'est mariée à Nicolas de Werchin, séneschal de Hainaut.

Nicolas de Verchin laissa une fille nommée Isabeau qui at épousé Jean de Trezegnie.

La terre de Liestre fut vendu par decret au parlement de Malines et acheté par Jean de Zombergue, fils d'Arnoult, capitaine de Rupelmonde, qui avoit épousé damoiselle Jacqueline Picavet, fille de Jean Picavet et de damoiselle Marie Monart, sœur d'Antoine Monart, sieur de Coquelle, gouverneur d'Hesdin.

Jean de Zombergue laissa deux fils, sçavoir Hugues et Robert, tout deux morts à marier, et une fille nommée Marie, qui fut héritière de la dite terre et épousa Nicolas de Catrix, colonel du régiment Luxembourgeois après le sieur de Bourlotte.

Ledit Nicolas de Catrix mourut en 1604 des blessures qu'il avoit receu au siège d'Ostende. Il laissa plusieurs enfants et deux fils : Antoine, mort à marier en

(1) *Vieux style.*

Bohème, au service de l'Empereur, et Robert, mort à Bruxelle en 1664, qui avoit épousé Lucresse d'Orchie, fille de Jean-Paul d'Orchy.

Nicolas laissa encore des filles, sçavoir Marie Florence, qui avoit épousé le sieur d'Ennetière, baron de Beaumetz, et Albertine qui avoit épousé en premières nopces le sieur de Ferquin, tué à la bataille de..., et en secondes nopces le sieur Andréada, italien. Robert de Catrix laissa de sa femme Jean-Paul, Emmanuel et François-Joseph, Marie-Florence, Marie-Thérèse, Albertine et Isabelle.

Jean-Paul, aîné, épousa dam^elle Marie-Isabelle de La Viefville et laissa trois filles : Marie Lucresce, qui at épousé Jean-Baptiste Théry, seigneur de Norbécourt ; Claude-Théresse et Marie-Florenne de Catrix.

ARCH. DU CHAT. DE LIETTRES, A. 477.

VIII

1742, 1er Mars. — *Aveu et dénombrement de la seigneurie de Liettres rendu au baillage de Lillers par Martine de La Woestine de Becelaere, baronne de Liettres.*

Cejourd'huy premier de mars mil sept cens quarante deux et pardevant nous lieutenant général et hommes de fiefs des ville et bailliage de Lillers............ comparut le sieur Jean-Baptiste Dilly, agent et neveu de la dame Magdelaine Martine *de la Voostine de Bezclaer, Baronne de Liètres,* veuve de messire *Jean-Baptiste Therry, Baron dudit Liètres,* demeurant au *château dudit lieu,* mère et ayant la garde noble de Messire Maximilien, Alexis et damoiselle Marie Catherine Louise Théry, enffants mineurs qu'elle a retenus dudit seigneurs, demeurants au dit château de Liètres...., propriétaires de deux fiefs se consistant, le premier desdits fiefs, en *là terre et seigneurie de Liètres,* tenus en pairie de la terre, seigneurie et marquisat de Lillers à cens sols parisis de relief, cambellage...... Et desirant ledit s^r Jean-Baptiste Dilly, en sa dite qualité, faire la foy et hommage de la dite terre et seigneurie à messire Louis-Jacques de Calonne, chevalier, marquis de Courtebournes, brigadier des armées du Roy, et à Madame Isabelle-Claire-Joseph-Guislaine de la Tour Saint-Quentin, son espouse, paravant veuve de messire Jacques-Gilles-Bonaventure de Carnin, chevalier, marquis de Lillers, tuteur et tutrice légitime de damoiselle Guislaine-Charlotte-Bonaventure de Carnin, fille mineure du feu Marquis de Lillers, etc.

ARCH. DU CHAT. DE LIETTRES, A. 152.

3

IX

1766, Décembre. — *Lettres patentes érigeant de nouveau la terre
de Liettres en baronnie.*

Louis par la grace de Dieu, Roy de France et de Navarre, à tous présens et avenir, salut. N'y ayant rien de plus juste que de reconnoître et récompenser les actions vertueuses de ceux qui ont bien mérité de nous et du public par leur affection à nôtre Etat et leurs services et ceux de leurs parents en la profession des armes et mettant en considération que le sieur Marie Maximilien François Théry, seigneur de Liettre, Lambre en Artois, est d'une famille distinguée, étant alliée aux familles nobles de Melun, La Viefville, de Vostine, Castrix, Thieulaine et autres des Pays-Bas, et les bons services militaires de sa famille, entre autres ceux d'Alexis Théry de Liettres, son frère, capitaine au régiment du Rohan-Prince, mort en 1759, des blessures qu'il avait reçues à la tête de sa compagnie à la bataille de Bergen et ceux que son oncle paternel Eugène Joseph Théry de Norbécourt nous a rendus pendant une longue suite d'années dans le régiment de cavalerie de Lambesc et du Colonel-Général, et ne pouvant mieux reconnoitre tous ces services qu'en honorant le sieur Théry d'un titre d'honneur qui passe à ses successeurs et les engage à suivre les bons exemples de leur auteur et prédécesseurs, bien informé que sa terre, justice et seigneurie de Liettre est un ancien fief de notre province d'Artois ayant plusieurs fiefs en relevants et tous les droits honorifiques et féodaux appartenants suivant la coutume à terres nobles, étant d'ailleurs ledit fief et seigneurie d'un revenu considérable, capable de supporter le titre de baronnie dont il étoit anciennement décoré, ce dont les lettres et enseignements ont été perdus ou égarés par les guerres dont les Pays-Bas ont été affligés dans les derniers siècles, de notre grâce spéciale, pleine puissance et autorité royale, nous avons et décorons par ces présentes signées de notre main lad. terre, fief et seigneurie de Liettre, ses appartenances et dépendances, en titre, nom et dignité de baronnie de Liettres, pour en jouir par ledit sieur Théry, ses successeurs et ayans cause et les descendans d'iceux en légitime mariage, avec seule foy et hommage, aveu et dénombrement, droits et devoirs requis par la coutume audit titre, nom et dignité de baron; voulons que ils se puissent dire, nommer et qualifier en tous actes, tant en jugement que dehors ; qu'ils jouissent des droits d'armes, blazon, honneurs, prérogatives, rang, prééminence en fait de guerres, assemblée de noblesse et autres, ainsy que les autres barons de notre royaume et province d'Artois, que les vassaux, arrière-vassaux et autres tenans noblement et en roture les reconnaissent pour barons, fassent leur foy et hommage, baillent leurs aveux et dénombrement et déclaration le cas y échéant, sous led. nom de baron de Liettre, sans que pour raison de la présente érection et changement de titre ils soient tenus à autres plus grands droits que ceux qu'ils doivent à présent, et que les officiers exerçant la justice en lad. baronnie intitulent d'icelle à l'avenir leurs sentences et jugements et qu'ils jouissent des mêmes pouvoirs aux corvées et droits que les officiers des autres barons, sans aucun changement de ressore, ny contrevenir aux cas royaux et la charge que lad. baronnie ne pourra à l'avenir être partagée ni démembrée entre cohéritiers qu'au cas de la coutume du lieu. . . . . . .

Si donnons en mandement, *etc*. . . . . . Registrées au grèfe de la cour. . . . . à Arras, au Conseil provincial et supérieur d'Artois, le cinq mai mil sept cent soixante sept.

Signé : DENYS.

ARCH. DU PAS-DE-CALAIS, B. 30 ; *23ᵉ registre aux Commissions*, fᵒ 349.